T0146837

Learn Assyrian Language

Derivative of Aramaic Language

Simon Joseph Di-Katoona

iUniverse

LEARN ASSYRIAN LANGUAGE
DERIVATIVE OF ARAMAIC LANGUAGE

iUniverse books may be ordered through booksellers or by contacting:

iUniverse
1663 Liberty Drive
Bloomington, IN 47403
www.iuniverse.com
1-800-Authors (1-800-288-4677)

ISBN: 978-1-5320-0114-7 (sc)
ISBN: 978-1-5320-0113-0 (e)

Library of Congress Control Number: 2016911201

Print information available on the last page.

iUniverse rev. date: 08/10/2018

ܡܐܟܣܝ̈ܬܐ References

   1911

   1965

i

ܟܬܒܐ

ܠܚܡܣܝܘܢ، ܠܙܒܢܐ ܐܗܘܝܢܐ

ܡܝ ܡܘܒܝ & ܙܘܝܢܫܘܗ ܡܣܝܐ

ܡܗܝܒܟܐ، ܡܗܝܕܘܒܐ، ܚܙܒܝܢܠ

12 ܚܝܝܗ 1998

AUTHOR'S BIOGRAPHY

1. Shimoun Yosip Di-Katoona.
2. Born in Gailani Camp, Baghdad, Iraq; October
    1st 1932.
3. On September 15th.1961, left Iraq to Beruit
    Lebanon. After two weeks of stay, left
    Beruit to Frankfurt, Germany. On December 17th.
    1961, left Frankfurt to Philadelphia, U. S. A.
4. Fairly speak, read, and write Arabic, Assyrian,
    and English Languages.
5. Translated, From Assyrian language into English
    language. One of the many books of Paster Shmuel
    Bet-Kolia De-Gootapa, Titled 'The Journey of
    Reverend Slivo To Heaven'
6. Author of the book Titled Killing Cousins: People
    Defended by God verses People defenders of
    God.
7. Put together this Book from the sources mentioned
    on references page.

PREFACE

After my retirement, I had no excuse for not putting some of what is left of my life time into use. From the sources mentioned above, I was able to put together this small booklet under the name; Learn Assyrian Language. Of course, without the efforts of those who have put a lot of their life time into writing and publishing their books, it would have not been so easy for me to do my share.

As weak as I am in both the Assyrian and the English languages, I did not mind to share it with those who have been less fortunate than me. Besides that, I have been blessed with the gift of sharing what I have with others. Also of being in the habit of accepting the criticism of those who are more knowledgeable than me in any thing that I do. Writing this book is one of them.

This book has been written in a way that would enable a person, who can read and write English language, to learn to read and write in Assyrian language. And those who are poor in reading and writing the Assyrian language, like myself, can improve their ability to do better, like I did.

The difference in the dialogs, and the difference in the form of the alphabets that have been used, by the religious leaders of different denominations, as a tool with which division was brought among the peoples of Assyria.

One of the aims of the Assyrian Universal Alliance is to bring about the idea of "One Language For One Nation". Up to this date, no attempts have been made to fulfill that task. Therefore the arguments of that nature will continue.

Note: Due to typing technical difficulties, it might be noticed that some Assyrian Characters are not typed in the correct form, especially, when, on the same line, both Assyrian and English Characters are used. Also, because I used Global Writer Program for typing the Assyrian characters, I was unable to use Microsoft word program. And that forced me to submit, to the publishers, a version of PDF program, which is not susceptible to editing. Therefore, the likelihood of finding some typing errors, and disorder in alinement is expected.

INTRODUCTION

The Standard Assyrian Alphabets are twenty two Characters, and are known as Abgd-Hwz Alphabets. This name has been drived from the sequential order of the Assyrian Alphabets. The Arabs, also call their Alphabets "Ahroof Al-Abgd-eyah". even though their sequential order are not quite as the Assyrians'.

History of writings reveals the fact that the Sumerians, the Babylonians and the Assyrians were the first, who used Pictographic writing. Later it was developed into cuneiform writing. After which, it was developed into Alphabets, from which the Arabic, Hebrew, and Latin Alphabets were drived.

History, also, reveals that Assyrians, at one time, ruled over the entire Mesopotamia, also a part of Persia, Turkey, and Arabia. During that time, the Assyrians, lawfully, lived throughout their Empire that consisted of peoples of various cultures, and languages. After the fall of the Assyrian Empire, some Assyrians stayed where they lived. And in order for them to be able to carry on their daily life, they had to learn how to communicate with their predominant neighbors who spoke language other than theirs. And that caused them to run into difficulties of writing some words that were of a sound strange to them. Like the non-Assyrians would face, when they start learning the Assyrian language. However. in order to overcome those difficulties, the Assyrian Scholarly, used some Marks of different shapes, and put some of them

vi

On, and some under some specific letters of their standard ABGD HOZ Alphabets to produce the needed sounds. But the Arab Scholarly added some new Characters to their standard ABGD HOZ Alphabets, and called them (Al-Ah-roof Al-Za-e-dah), which means "the extra letters".

It is worth mentioning that the peoples of the world have been, erroneously, made to believe that the Original Biblical language was Hebrew; when the fact is that Abram who was from Ur of the Chaldees, who's native language was, according to the tablets excavated from Ur,
in the late of the Nineteenth Century and the early of the Twentieth Century, revealed that the language used by the inhabitants of Ur was Assyrian language. which was Referred to as Aramaic. It was Abram who was called the Hebrew, not his language. according to what is written in Torah: (Gen. 14: 13) "A fugitive brought the news to Abram the Hebrew, who was dwelling at the terebinths of Mamre the Amorite, kinsman of Eshkol and Aner, these being Abram's allies." As a matter of fact, the word Hebrew is driven from an Assyria, Syriac Dialogue, word Aboro, which means traverse (to cross). Or Eber, as it is defined by the Old Testament's Dictionary, "where it may mean one who had come from beyond the Euphrates".

In order to help the Pupil concentrate on learning the Names, the Shapes, and the Sounds of the Assyrian Alphabets, English Proper Nouns are used to show the similarity in the sound of an Assyrian letter to that of an

English letter. At the same time, when an Assyrian word is written using English letters, effort has been made to use the most suitable English letter that has the closest sound to that of the Assyrian letter, so that the learner can pronounce the Assyrian Characters, or words correctly. Furthermore, in some cases additional explanations have been given to make the learning of the odd sounds to be easier. And if the given explanations are not helpful enough to enable the pupil to pronounce those Characters, or words that have odd sounds correctly, consultation of an Assyrian person is recommended.

Since most of the material used in this book has been taken from the book titled English Primary Grammar, it should be expected that the material covered by this Book might be more that most of the Assyrian Grammar Books. But for the person who has studied English Grammar would find the Book to be compatible with any English Grammar Book.

LESSON - 1
ALPHABETS
Standard Alphabets

The Assyrian language is written from right to left, and it has twenty two Characters that are Known as ABGD-Hwz Alphabets. This name is driven from the sequential order of its Alphabets. The Arabic, and Latin alphabets are driven from Assyrian's. The similarity in the sequential order and the sounds of the letters of the three languages are a good proof to that. Below, it is shown the similarity of the first Four letters of the three languages.

The Shapes and the Pronunciations of the Assyrian Alphabets are as follow:

	Name	Shape	Arabic	Latin
1.	A-lap:	�נ	A-leef	Al-pha

A-lap sounds like letter (A) of English, as in:
A̲merica   C̲an̲ad̲a   Syri̲a

2.	Beet:	ܒ	Baa	Be-ta

Beet sounds like letter (B) of English, as in:
B̲erlin   Ab̲el   B̲ob̲

3.	Ga-mal:	ܓ	Geem	Ga-ma

Ga-mal sounds like letter (G) of English, as in:
G̲od   Bul̲garia   Hambur̲g

4. Da-lad: ܕ   Dal   Del-ta

Da-lad sounds like letter (D) of English, as in:
Denver   A<u>d</u>am   Polan<u>d</u>

5. H-a: ܗ

It sounds like letter (H) of English, as in:
<u>H</u>awaii   Te<u>h</u>ran   Tora<u>h</u>

6. Waw: ܘ

It sounds like letter (W) of English, as in:
<u>W</u>ashington   Ed<u>w</u>ard   Mosco<u>w</u>
And that happens when the letter (ܘ) does

not have a dot, neither on, nor under it. Excluding
the vowels. Such would be the case only when:

a. Letter (ܘ) is used by itself, as conjunction. (and)
Example:

ܚܘܐ ܘ ܐܕܡ   ܝܡܐ ܘ ܒܒܐ   ܐܢܬ ܘ ܐܢܐ

Eve and Adam   Mother and Father   You and I

b. Letter (ܘ) is the first letter of a Syllable of a word.
Example:

Rose	War-d	ܘܪ-ܕ	ܘܪܕܐ
Obligation	Wa-li-ta	ܘܐ-ܠܝ-ܬܐ	ܘܠܝܬܐ
Whiz	Waz- woo-ze	ܘܙ-ܘܘ-ܙܐ	ܘܙܘܘܙܐ
Grew up	Goor-wis-le	ܓܘܪ-ܘܝܣ-ܠܗ	ܓܘܪܘܝܣܠܗ
Common	Ga-wa-na-ya	ܓܐ-ܘܐ-ܢܐ-ܝܐ	ܓܘܢܝܐ

2

c. When letter (‎ه) is preceded by a letter that has a Zaw-aa. (‎ه) would not take a Dot on or under it.

Example:

Blame	Lo-ma	‎كو-مو	‎كوما
Hard	Qiw-ya	‎بو-يو	‎بويو
Pigeon	Yaw-na	‎يو-نو	‎يونو
Province	Hio-par-kya	‎وه-فذ-حبو	‎وهفذحبو

d. The Rules mentioned above, about letter (‎ه), might not be applicable, when letter (‎ه) is joint by letter (‎ب). Sometimes, even the sound of the letter (‎ه) might be different. But that does not mean that letter (‎ه) should take a Dot neither on nor under it.

Example:

Cry	Aawa-ya	‎بقو-يو	‎بقويو
Barbecued	Dthwi-ta	‎جووبو-هو	‎جووبوهو
Plane	Shaw-ya	‎جو-يو	‎جويو

Nevertheless, some nouns that are in adjective case, this rule of (‎ه) is not applicable. As the case is in;

| Americanism | Amount | Oneness |
| ‎نجذذ-سوهو | ‎حتر-سوهو | ‎سذ-سوهو |

7. **Zain:** ‎ز

It sounds like letter (Z) of English, as in:

Zenith Nazareth Liz

3

8. Khe-th: ـﺤ

Has an odd sound. Therefore the combination of English (Kh) has been used to produce the sound of letter (ـﺤ). It sounds like the words (attention-attention) in German Language. Which is (Akh-toon, Akh-toon). However, if this explanation is not helpful, seek assistance from an Assyrian, and ask him/her to say, the following English words, in Assyrian language.

One   Wine   Peach

ܚܕ   ܚܡܪܐ   ܚܘܚܐ

9. Dteth: ـﻄ

Has an odd sounds. Non-Assyrians, incorrectly, pronounce it like letter (T) of English. As an indication that letter (ـﻄ) is not to be pronounced neither like letter (T) nor like letter (D), the letters (dt) are combined to produce the sound of letter (ـﻄ). If the explanation is not helpful consult an Assyrian person, and ask him/her; how to say, the following English words, in Assyrian language.

Bird   Mountain   Baby
Dte-ra   Dtoo-ra   Dta-dta

10. Yod: ـﻳ

Sounds like letter (Y) of English, as in:
Yaman   New-York   Day

4

11. Kap: ܟ

Sounds like letter (K) of English, as in:
Kuwait   Oakland   Denmark
Notice that the letter kap (ܟ) has two shapes. The
one on the left side (ܟ) is used at the end of a
word that ends with letter kap. And the kap on the
right side (ܟ) is used either at the beginning, or
in the middle of a word that has Letter Kap.

12. La-math: ܠ

Sounds like letter (L) of English, as in:
Lebanon   Alabaman   Israel

13. Meem: ܡܝܡ

Sounds like letter (M) of English, as in:
Mary   Emmanuel   Adam
Meem also has two shapes. The one on the left
side (ܡܝܡ) is used at the end of a word that ends
with letter meem, and the one on the right side
(ܡܝܡ) is used either at the beginning, or in the
middle of the word that has letter Meem.

14. Noon: ܢ

Sounds like letter (N) of English, as in:
Niagara   Indiana   Japan
Noon also has two shapes. The one on the left
side (ܢ) is used at the end of a word that ends
with letter Noon. And the Noon on the right

5

side (ـبـ) is used at the beginning, or in the middle of the word that has letter Noon.

15. Sim-kat: ܣ

Sounds like letter (S) of English, as in

S̲witzerland   I̲stanbul   Tigri̲s

16. Aa: ܥ

Sounds like letter (U) of English, as in:

U̲ncle   N̲umber   Cuc̲umber

17. Pe: ܦ

Sounds like letter (P) of English, as in:

P̲op̲e   Ap̲ollo   Cam̲p

18. Ssa-deh: ܨ

Sounds like letter (S) of English, as in:

S̲uds   Lu̲st   Bu̲s

19. Qop: ܩ

Sounds odd. Non-Assyrians, incorrectly, pronounce it like letter (K) of English. For reasons unexplained letter (Q) of English is pronounced like letter (K). Usually, in languages that are derived from Aramaic; namely, Arabic Hebrew and Syriac, distinguish the difference between the sounds of (K) and (Q).Therefore, whenever there is a word written in Assyrian language that has letter (ܩ)or an

6

Arabic word that has letter (ﻕ) and are to be written in English language, letter (Q) is used instead of letter (K). As in:

Qadtar   Aqaba   Iraq

ﻦﻴﻘﺘﻗ   ﺔﺒﻘﻋ   ﻕﺍﺮﻋ

If the explanation is not helpful, consult an Assyrian person, and ask, how to say the above English words in Assyrian language.

20. Resh: ܪ
Sounds like letter (R) of English, as in:
Russia   Jordin   Year

21. Sheen: ܫ
Sounds like the combined English letters of (Sh) as in: Shem   Ashlie   Nash

22. Taw: ܬ
Sounds like letter (T) of English, as in:
Toronto   Austin   Scott

To make the learning of the sounds and the sequence of the Assyrian Alphabets easier, the alphabets are grouped, according to their Alphabetical order, into six words.

ܩܪܫܬ   ܣܥܦܨ   ܟܠܡܢ   ܚܛܝ   ܗܘܙ   ܐܒܓܕ
Qir-shat Saa-pus Kal-man Khi-dt-i Hwz Ab-gd

7

LESSON - 2
Marks: Ni-shan-qe
ܢܝܼܫܲܢܩܹ݇:

The Marks are some symbols used either On or,
Under some selected letters from the Standard
Assyrian ABGD-HOW Alphabets, to change
their original sounds into a different sound that
is not covered by the standard Alphabets.

Because of the need that had risen to have some
Characters with sounds that are not covered by
the Original Assyrian ABGD-Hoz Alphabets,
the usage of Marks took place.

From reading the above one can conclude that any
Assyrian word that contains a letter carrying a
Mark, legibly, that word cannot be of Assyrian
Origin. It must be a word that has been adopted
and used by some Assyrian scholastic individuals.
And the constant useage of that word made it to
be considered as an Assyrian word. But the Theory
of the originality of Abgd-Hoz Alphabets, and the
Theory that necessitated the usage of the Marks to
produce a sound that is not covered by the
Original Assyrian Alphabets, dictate that such
word cannot be of Assyrian Origin. However, it
is the obligation of the Scholarly individuals, who
are using those strange words to give reasons
for their going around the two Theories.

8

The Names the Shapes and the Effect each Mark
has on the sound of the original letter, upon which
it is applied; is explained below. Furthermore, in
the column on the right side, similar words of
Assyrian origin are shown, that are free of Marks.

A.   Roo-ka-kha, ܪܘܟܟܐ

Is the name of the dot that is put, specifically,
under the letters that are in the parentheses.

(ܗ ܟ ܟ ܓ ܡ ܠ ܕ) to change their

original sounds into a sound that is not covered
by the standard Assyrian ABGD HOZ Alphabets.

1. Under letter (ܒ ܒ)

To make it sound like letter (V) of English, as in:

<u>V</u>alentine   Oli<u>v</u>er   <u>V</u>ictoria

<u>Examples:</u>

English	Transliteration		
Elder	Sa-va	ܣܵܒ݂ܵܐ	ܣܵܘܸܣܢܵܐ
Beggar	G-e-va-ya	ܓܹܒ݂ܵܐ	ܗܣܘܕܐ
Milk	Khal-va	ܚܲܠܒ݂ܵܐ	ܒܝܠܲܢܵܐ
Book	kta-va	ܟܬ݂ܵܒ݂ܵܐ	ܗܟܕܐ
Writer	Ka-ta-va	ܟܵܬ݂ܒ݂ܵܐ	ܗܟܕܐ

2. Under letter (ܓ ܓ)

To produce the sound of the letter (غ) which
is one of the extra letters added to Arabic
Standard Alphabets. But the Assyrian scholastic

9

had used a dot under letter (ܠ ܠ) to produce
the sound of letter (غ) of Arabic. And in order
to produce similar sound in English letters (gh)
are combined to produce the sound of (غ) Yet
most of the English speaking people pronounce
(gh) like letter (g). Below are some words that
have (gh) letters in their structure:
Ghost   Ghan-di   Bagh-dad.
To learn the correct sound of (ܠ) ask an
Assyrian person, how to say, the following
English words, in Assyrian language. By the way
the word on the right are Assyrian words, written
in Assyrian Language, using the Assyrian
Standard Alphabets. On the left of them are words
written in Assyrian Alphabets, one of which has a
Mark.

Magazine	Mghal-ta	ܡܓܲܠܬܵܐ	ܡܲܓܠܬܵܐ
Worship	Sgha-da	ܣܓ݂ܕܵܐ	ܣܓܕܣ
Body	Pagh-ra	ܦܓ݂ܪܵܐ	ܦܲܓܪܵܐ

3. Under letter (جِ حِ) to produce the sound
   of the letter (خ) that the Arab scholastics have
   added to their ABGD-HOZ Alphabets as an
   extra letter. But the Assyrian scholarly individuals
   have used a dot under letter (جِ) to produce that
   sound. Which, is not needed. Because, it sounds
   like letter (س). Like wise the combined English
   letter of (Kh) are used to produce its sound.

10

However, To learn the accurate sound of (جـﻰ) ask an Assyrian person, how to say, the following English words, in Assyrian Language.

Sleep	Dmo<u>kh</u>	ܓ̰ܡܘܟ݂	ܝܠܟܒ
Woman	Ba<u>kh</u>-ta	ܒܟ̰ܬܐ ܐܢܬܬܐ	
Victory	Za-khoo--tha	ܘܓ̰ܘܒܐ ܣܒ݂ܘܟ݂ܐ	

Due to the variety of accents, in Assyrian language, especially, those who had association with Arabs, the need for some other sounds had risen,therefore, Roo-ka-kha (dot) has been put under the Assyrian letters (ܦ ܕ) to produce sounds like that of (ث ذ) of Arabic Alphabets that are part of the extra letters, the Arabs had added to their original ABGD HOZ Alphabets. Both letters sound like (Th) of English. As in:

4. Under letter (ܕ) to make it sound like the combined two letters of English (th); as in:

This   That   There

<u>Example</u>:

Male	Dhikh-ra	ܕ-ܟ̰ܪܐ	ܙܘܕܘܐ
Dead	Aani-dha	ܡܝܬܐ	ܒܚܒܬܐ
Danced	Rqith-le	ܕܝܒܓܟܗ	ܕܝܒܓܟܗ
Chastity	Zthiq-ta	ܘܕܣܐ	ܘܕܣܐ

11

5. Under letter (ܗ) to make it sound like the combined two letters of English (th): as in:

Thin   Athletic   Smith

Examples:

Virgin	Btool-tha	ܬܗܘܠܬܐ ܚܡ.ܘܠܬܐ
Ticket	Pith-qa	ܩܗܩܐ
Adultery	Zan-yoo-tha	ܙܢܝܘܬܐ ܘܢܝܘܬܐ
Obeyed	Ssith-le	ܣܗܒܠܗ ܝܒܗܠܗ
Sin	Khdtee-tha	ܣܗܒܬܐ ܣܗܒܬܐ

B.   **Majl-ya-na:** ܡܓܠܝܢܬ   (ܠ)

Is the name of a small wavy line that is put either on, or under one of the letters in the parentheses (ܟ ܚ ܠ) to produce a sound that is not covered by the Standard Assyrian Alphabets. Generally speaking. the words that contain such letter are of Persian, or Kurdish origin.

1. It is put Under letter (ܠ) to make it sound like letter (J) of English, as in: Jacob Elijah Julie

Example:

Courage	Joor-at	ܠܘܕܢܐ ܓܢܬܐ
Answer	Joo-wab	ܩܘܢܬܐ ܠܘܘܕ
Crowd	Ja-ma-at	ܓܢܬܐ ܠܡܓܝܗ

2. It is put either on or under letter (ܚ) to make it
    sound like the combined letters (Ch) of English,
    as in: Chi<u>na</u>   Tea<u>ch</u>er.   Fren<u>ch</u>

    Notice: when letter (ܨ) is at the beginning or in the
    middle of the word, the Majl-ya-na will be under
    letter (ܨ) But when letter (ܨ) is at the end of the
    word the Majlya-na would go on top of letter (ܨ)
    Example:

    | Weapon | Chak-ka | ܟ̰ܟ̰ܡ | ܙܝܢܐ |
    | None | Hich | ܗ̰ܝ̰ܟ̰ | ܠܝܬ |
    | Rip | Chla-pa | ܟ̰ܠܟ̰ܐ | ܘܠܚܐ |

3. On letter   (ܫ̰)

    It would sound like the combined letters of (Zs)
    pronounced by Hungarian person. Like the
    name of the Hungarian actress, Zsazsa Gabor.
    If the explanation is not helpful, ask an
    Assyrian person; how to say the following
    English words in Assyrian language.
    Examples:

    | Fog | Misz | ܡܝܙ | ܣܟܘܗܐ |
    | Enemy | Diszmin | ܕܝܙܡܝ | ܗܕܢܐ |
    | Weird | G-e-sza-na | ܓܙܢܐ | ܟܡܢܐ |

13

C. Qish-ta. ܝܼܫܲܬ (ܝ)

Is the name of a small bow that is
put, specifically, under letter (ܝ) to make it
sound like letter (F) of English.

Examples:

California   ܟܲܠܝܼܦܘܿܪܢܝܼܵܐ

Frederick   ܦܪܸܕܪܸܟ

France   Fran-ssa   ܦܪܲܢܣܵܐ

Kerosene   Nif-dta   ܢܝܼܦܕܵܐ

Some Writers use Roo-ka-kha, Dot, under letter
(ܟ-ܝ) to make it sound like letter (o) for which
there is no need.

D. Mash-li-ya-na ܡܲܫܠܝܵܢܵܐ Silencer ̄

Is the name of a small dash that is put on
a letters, as an indication that the letter upon
which the dash is put is silent, even though, the
letter appears in the word. Its use is limited to the
letters in the parentheses.

(ܗ ܟ ܕ ܝ ܠ ܒ ܗ ܡ ܠ ܝ)

I personally have not come across any teaching
about rules set to be followed, as a condition, that
would make a letter to be silent. Like the case is in
English language.

for example:

1. Usually, letter (K) is silent when it is followed by
letter (N) as in: knee   Knife   Know

14

2. Letter (G) is silent when it is preceded by letter (I).

As in: Fight   Sign   Knight

However, in Aramaic language, Syriac dialog,
I think; there are some rules for silence.
I, personally, have not come across any set of
Rules to dictate the usage of the silencer. And that
gives one a good reason to question the importance
of its usage. As a matter of fact I have come across
some words where a silencer has been used
making that word to loose its originality.
For example:
Take the word (Jew) that is written in Assyrian
language (ܝܗܘܕܝܐ). There is a silencer on letter (ܗ),
and that makes the word to be pronounced as
(Yo-da-ya). The word with such pronunciation
could not be traced to an origin, but the same
word (ܝܗܘܕܝܐ) written without a silencer on letter
(ܗ) which would be pronounced (Yho-da-ya).

This word has an origin, and it comes from the
word (Yho-da) which means Judah. who was the
founder of Judea. And an inhabitant of Judea was
called (Jew). Therefore, it would be more accurate
to write the word (ܝܗܘܕܝܐ) in Assyrian Language
without the silencer on letter (ܗ). Also, let us take
the two words,Until and Give, written in Assyrian
language (ܗܒܠ -ܗܠ). they are written in two
different ways, but their pronunciation is similar.
Both are pronounced (Hal), The fact is that the

15

word that has letter (ب) without a silencer, should
be pronounced Habl (ﺣﺒܠ), because letter (ب) is
part of the roots of the word Give (ﻫܒܠ). As the
case is in the word Given (ܡܗܒܠ) and is
pronounced (yhi-va).

1. On (ܲ)

Man	Na-sha	ܢܵܫܵܐ
Ate	khil-le	ܐܟ݂ܸܠܠܹܗ
Secret	Ra-za	ܪܵܙܵܐ

2. On (ܵ)

   | Divisions | Mpal-lay -ta | ܡܦܲܠܲܝܬܵܐ |

3. On (ܸ)

One	Kha	ܚܲܕ
Before	Qam	ܩܲܡ
Boy	Ya-la	ܝܲܠܕܵܐ

4. On (ܿ)

To be	li-wa-ya	ܠܸܗܘܵܝܵܐ
To give	Ya-vil	ܢܵܗܒܸܠ
Lighten	Bar-rin	ܒܲܗܪܝܢ

16

5. On (ܬ)

Learned	Lee-pa	ܠܸܟ݂ܦܹܐ
Sit	Toov	ܬܵܘܒ݂
Burned	Qi-da	ܩܹܕܵܐ

6. On (ܟ)

| Goer | A-za-na | ܐܵܙܵܢܵܐ |

7. On (ܝ)

You	At	ܐܲܬ
Year	Shee-ta	ܫܹܬܵܐ
City	Mdi-ta	ܡܕܝܼܬܵܐ

8. On (ܕ)

| Others | Khee-ne | ܟ݂ܹܢܹܐ |
| Go | khoosh | ܟ݂ܘܿܫ |

9. On (ܓ)

| Find | Ma-chikh | ܡܲܚܸܟ݂ |
| Again | Mid-re | ܡܸܕܪܹܐ |

10. On (ܗ)

Behind	Bar	ܒܲܗܕ
Brought	Moo-ya	ܡܘܿܝܵܐ
Under	Khoot	ܟ݂ܘܿܬ

17

E. Sya-me: هنُجَه

Is the name of the two DARK dots that,
Horizontally, are on the same level (ﻧ). And
they are used as an indication to the plurality of
the word.

1. Usually, Sya-me (ﻧ) and Zla-me Qish-ye, are put
   on the letter that is before the last letter of the
   word, unless a rule of exception is present. At
   which time the location of Sya-me might change.
   <u>Example</u>:

Men	Na-she	تَعِجَه
Trees	El-la-ne	ﻳِﻜﺘَﻪ
Presumptions	Khoo-sha-ve	ﺳﻮﻋﺘَﻪ
Villages	Mat-wa-te	ﻣﺤﻮَﺟَﻪ

   <u>Rules</u>:
   1. When there is letter (ﻩ) in a word the
      Sya-me (ﻧ) is put on it, regardless of its
      location in the word. Since letter (ﻩ) has a
      dot of its own, another dot is added to it as
      an indication to having Sya-ma.
      <u>Example</u>:

      | Husbands | Gav-re | ﻳﻜﺠﺮَﻩ |
      | Mountains | Dtoo-ra-ne | ﻃﻮﺫﻧَﻪ |
      | Hills | Room-ya-te | ﺫﻮﻣﻴَﻪ |

18

2. If a word has more than one (ܐ) the Sya-me
    are put on letter (ܐ) that is close to the end
    of the word.
    Example:

Strugglers	Dra-re	ܕܪ̈ܪܐ
Rays	Zah-ri-re	ܙܗܪ̈ܝܪܐ
Thunders	Qar-qar-ya-te	ܩܪܩܪ̈ܝܬܐ

3. Sya-me are not applicable to:

  a. Nouns that are used for both singular
      and plural forms.
      Example:

Water	Mi-ya	ܡܝ̈ܐ
Dirt	Up-ra	ܥܦܪܐ
Heat	Shkhoon-ta	ܚܫܘܢܬܐ

  b. Pronouns and Prepositions are alike in
      Plurality, and they do not take Sya-me
      Example:

Their Walk	kh-da-re-hoon	ܣܘܕܪܗܘܢ
Their Hunt	Ssay-day-hoon	ܝܨܕܗܘܢ
On their own	Bel-khoo-day-hoon	ܒܠܣܘܕܗܘܢ
In their eyes	L-aay-nay-hoon	ܠܥܝܢܝܗܘܢ

Learning the material covered thus far, the Pupil
must be able to read what ever is written in
Assyrian Language.

19

LESSON - 3
Vowels:
Zaw-aae   ܙܲܘ̈ܥܹܐ

A vowel in Assyrian language is called Zaw-aa.
Which is a symbol used on, or under a letter to
change the pitch of its sound, and that helps the
Pupil to pronounce the word more accurately.
And that makes the spelling of the word easier.

In Arabic writing, some Vowels are, also, used.

There are Seven Vowels (Zaw-aae) that are used
in Assyrian writing. The change made by each
(Zaw- aa) ܙܲܘ̈ܥܹܐ ، to a letter, upon which it is

applied, is explained below. Vowels play a big
role in braking up a word into Syllables. And that
makes the spelling of the word easier, and more
accurate.
Listed bellow are the Vowels used in Assyrian
writing.

A.   Zqa-pa: ܙܩܵܦܵܐ   ܵ

Is the name of the two dots that are put on top of
each other, but vertically they are slightly off (ܵ),
and are put On a letter.

1. Zqa-pa would elongate the pitch of the sound of
the letter upon which it is applied. The pitch of the
sound of Zqa-pa is produced by an open mouth.

20

$$\dot{\underline{\mathbf{e}}} \quad \dot{\underline{\mathbf{e}}} \quad \dot{\underline{\mathbf{e}}} \quad \underline{\mathbf{e}} \quad \dot{\underline{\mathbf{e}}} \quad \dot{\underline{\mathbf{e}}}$$

Wa Ha Da Ga Ba Aa

2. Zqa-pa's Pitch is like the Pitch of the letters that are Underlined in the following English words:

A̲ndy   B̲ulb   Cub̲a   Ha̲waii

3. Usually, a common noun ends with letter (ﺍ)

   and the letter before it would have a Sqa-pa.

4. Zqa-pa would make the letter, upon which it is applied, to become a Syllable by itself. And if it is joined by another letter that does not have a Zaw-aa of its own, the letter with Zaw-aa might combine the letter without Zaw-aa with itself into one Syllable. A Syllable may consist of more than one letter. And that would be covered under its own topic.

Examples:

Door	Tar-aa	ܬܪ̈ܥܐ	ܬܪܥܐ
Banana	Ba-na-na	ܒ-ܢ̈-ܢܐ	ܒܢܢܐ
Daughter	Bra-ta	ܒܪ̈-ܬܐ	ܒܪܬܐ
Nature	kya-na	ܟ̈-ܢܐ	ܟܝܢܐ
People	Ul-ma	ܥܠ-ܡܐ	ܥܠܡܐ

B.   Pta-kha: ܦܬ݂ܳܚܳܐ   ܖ

Is the name of the two dots that are put one On, and one Under a letter (ܖ).

1. (Pta-kha) (ܖ) like Zqa-pa elongates the pitch of the sound of the letter upon which it is applied. Pta-kha's pitch is shorter than Zqa-pa's (ܐ) pitch.

2. Pta-kha sounds like letter (a) of English, as it sounds in the following words:
   C<u>a</u>lifornia   Ph<u>a</u>rm<u>a</u>cy   C<u>a</u>mbodia

ܲܙܐ	ܲܘܐ	ܲܗܐ	ܲܕ	ܲܓ	ܲܒ	ܲܐ
Za	Wa	Ha	Da	Ga	Ba	Aa

3. Usually, when a letter, of a word, has Pta-kh (ܖ), that letter can become a Syllable by itself. And if it is joined by a letter that does not have a Zaw-aa, it might combine that letter with itself into one Syllable.
   Examples:

Loose	Pa-khi-kha	ܦ-ܣܒ-ܚܐ	ܦܣܒܚܐ
King	Mal-ka	ܡܠ-ܟܐ	ܡܠܟܐ
Mark	Ni-shan-qa	ܢ-ܫܢ-ܩܐ	ܢܝܫܢܩܐ
Zero	Ssi-par	ܣܝ-ܦܐ	ܣܝܦܐ

4. Usually, when a letter of a word, has Pta-kha, and is followed by a letter that has a Zaw-aa, it would make that letter to sound like two letters of the same sound. Unless the word is not of Assyrian Origin. But when the letter that has Pta-kha (ܖ) is followed by a letter that does not have a Zaw-aa, the Second letter would not sound like two letters

22

of the same sound.

<u>Example</u>:

Bite	Sap-pa	ܣܦ-ܦܐ	ܣܦܐ
Ox	Kal-la	ܟܠ-ܠܐ	ܟܠܐ
Sky	Shmay-ya	ܫܡܝ-ܝܐ	ܫܡܝܐ
Game	Dtaw-wal-ta	ܛܘ-ܘܠ-ܬܐ	ܛܘܠܬܐ
Dry	Ba-roo-za	ܒ-ܪܘ-ܙܐ	ܒܪܘܙܐ
Soft	Raa-da	ܪܟܝܟܐ ܪܟ-ܕܐ	ܪܟܕܐ
Bitter	Ma-ri-ra	ܡ-ܪܝ-ܪܐ	ܡܪܝܪܐ
We	Akh-nan	ܐܟ-ܢܢ	ܐܟܢܢ

5. Except when it is followed by letters (ܕ   ܬ).
   At which time the Pta-kha would sound like
   Zqa-pa, but it does not change into Zqa-pa.

   Example:

Help	Hay-yar-ta	ܗ-ܝܪ-ܬܐ	ܗܝܪܬܐ
To graze	Ra-aae	ܪ-ܥܝܐ	ܪܥܝܐ
Bless	Ba-rikh	ܒ-ܪܝܟ	ܒܪܝܟ
Truthful	Sha-ri-ra	ܫ-ܪܝ-ܪܐ	ܫܪܝܪܐ

Learning the difference between the sound of
Zqa-pa (ܐ) and the sound of Pta-kha (ܐ) would
help the learner, a lot, in spelling the words more
accurately.

C. Zla-ma Pshi-qa (Kir-ya): (ܟ) ܘܟܡܕ ܟܥܒܝܬܐ (ܟܕܢܐ)

Is the name of the two dots next to each other
and on the same level, that are put, practically
under all letter that need a Zla-ma.
Zla-ma Pshi-qa (ܟ) sounds like letter (I) of
English, as in;

Bit	Hit	Sin

1. Usually, Zla-ma Pshi-qa (ܟ), like Pta-kha, (ܐ)
when it is following by a letter that has a
(Zaw-aa) it would make that letter to sound
like two letters of the same sound.

ܝܕ	ܟܕ	ܕܕ	ܘܕ	ܘܕ	ܘܕ
Zib	wib	Hib	Dib	Gib	Bib

Examples:

Nest	Qin-na	ܝܝ-ܢܐ	ܝܢܢܐ
Mother	Yim-ma	ܝܡ-ܡܐ	ܝܡܡܐ
Grass	Gil-la	ܝܠܠ-ܠܐ	ܝܠܠܐ
Splint	Zil-lik-ka	ܘܠ-ܠܝ-ܟܐ	ܘܝܠܟܐ
Chain	Shish-shil-lta	ܝܫ-ܝܠ-ܠܬܐ	ܝܝܠܟܐ
Glue	Shi-val-ta	ܝ-ܝܠ-ܠܬܐ	ܝܝܠܟܐ

2. When Zla-ma Pshi-qa is followed by a letter that
does not have a Zaw-aa, that letter would not
sound like two letters of the sound.
Examples:

24

Gave	Yhiv-le	ܝܗܒ-ܠܗ	ܡܘܗܒܟܬܐ
Decay	Tip-na	ܛܦ-ܢܐ	ܛܦܢܬܐ
Sleep	Shin-ta	ܫܝ-ܢܬܐ	ܫܢܬܐ
Present	Dqa-im	ܕܩ-ܝܡ	ܕܩܝܡ
Opposite	Hip-ka	ܗܦ-ܟܐ	ܗܦܟܬܐ
United	Khoo-yid	ܣܘ-ܝܕ-ܟܗ	ܣܘܝܕܟܬܐ

The Pupil must thoroughly learn the rules related to the use of both Zaw-aae: The Pta-kha and the Zla-ma Kir-ya.

D.   Zla-ma Qish-ya, ܘܟ݂ܡܐ ܝܥܢܐ (܂)

Is the name of the two dots on top of each other,
But, vertically, are slightly off (܂) and are put
under the letter that precedes one of the letters in
the parenthesis (ܗ   ܒ   ܝ) And it sounds like
letter (I) of English as in: B**i**g   D**i**ll   H**i**m

Examples
Well   Bie-ra   ܒܝ-ܪܐ   ܒܝܪܐ
Got-up   Qim-lih   ܝܝܡ-ܠܗ   ܝܝܡܠܗ
Court   Bit-di-na   ܒܝܬ ܕܝܢܐ ܒܝܬ ܕܝ-ܢܐ

1. Usually a Common Noun, in Plural case, ends with
   letter (ܐ) and the letter before it would have
   Zla-ma Qish-ya (܂).   ܟܬܝ݂ܒܐ
   Examples:
   Leaves   Dtar-pi   ܛܪ݂ܦܐ   ܛܪܦܐ
   Arrows   G i- ri   ܓܝ-ܪܐ   ܓܝܪܐ
   Readers   Qa-ro-yi   ܩ-ܪܐ-ܝܐ   ܩܪܝܐ

2. Usually the Present Tense Verbs, for the Third
   Person Singular ends with letters (ܠܗ). As a rule
   letter (ܠ) before letter (ܗ) must take Zla-ma
   Qish-ya (ܠܗ), and it does in Masculine case,
   but in Feminine case, the rule of (ܗ) does not
   apply. Letter (ܠ) before (ܗ) takes Zqa-pa (ܠܗ).

26

Examples:

Heard, He	Shmi-lih	ܫܡܥ-ܠܗ	ܫܡܥܠܗ
Got up, She	Qim-la	ܩܝܡ-ܠܗ	ܩܝܡܠܗ
Allowed He	Shviq-lih	ܫܒܩ-ܠܗ	ܫܒܩܠܗ
Paid, She	Pria-lih	ܦܪܝܥ-ܠܗ	ܦܪܝܥܠܗ
Got out, She	Plidt-lih	ܦܠܝܛ-ܠܗ	ܦܠܝܛܠܗ

3. Usually, the letter that precede letter (ܝ) takes
   Zla-ma Qish-ya.
   Examples:

Abel	Ha-vil	ܗ-ܒܝܠ	ܗܒܝܠ
Treasury	Bit Ga-za	ܒܝܬ ܓܐܘ-ܙܐ	ܒܝܬ ܓܐܘܙܐ
God	Eil	ܐܝܠ	ܐܝܠ
Arbil	Ar-baa eil	ܐܪܒܥܐ ܐܝܠ	ܐܪܒܥܐ ܐܝܠ
Israel	Yis-ra eil	ܝܣ-ܪܐ-ܐܝܠ	ܝܣܪܐܝܠ

Zla-ma Qish-ya sounds like letter (E) of English
when it is followed by a letter that has Zaw-aa.
As in: Eden   Beam   See
Examples:

Head	Ree-sha	ܪܝܫܐ
Thank you	Ba-see-ma	ܒܣܝܡܐ
Talk	He-miz-man	ܗܡܙܡܢ

The Vowels Zqa-po, Zla-ma, and Pta-kha are the
tools used to break up a word into Syllables.

27

E.   Rwa-kha: ܪ݇ܘܵܟ݂ܵܐ   ܘ݂

     Is the name of the dot that is put, specifically, on letter (ܘ) ܘ݂ to make it sounds like letter (O) of English as in: <u>O</u>ntari<u>o</u>   C<u>o</u>lumbia   T<u>o</u>led<u>o</u>

       ܘ݂ܘ   ܘ݂ܗ   ܕ݂ܘ   ܟ݂ܘ   ܒ݂ܘ   ܐ݂ܘ

       Wo   Ho   Do   Go   Bo   Ao

Rules:

   1. Usually letter (ܘ) takes Rwa-kha (ܘ݂) when it is part of the first Syllable of a word, and it is preceded by two letters that do not have Zaw-aa. Examples:

Son	Bro-na	ܒܪܘ݂ܢܹ-ܒܪ
Red	Smo-qa	ܣܡܘ݂ܩܹ-ܣܡ
Wedding	Khlo-la	ܟܠܘ݂ܠܹ-ܟܠ

   2. Usually the Verb for the Second Person Singular in an imperative case, falls into this category. Examples:

Sing	Zmor	ܙܡܘ݂ܪ
Take	Shkol	ܫܩܘ݂ܠ
Run	Rkhodt	ܪܟ݂ܘ݂ܕܬ

   3. Usually, letter (ܘ) takes Rwa-kha (ܘ݂) when it is in the Second Syllables of a word, and is preceded by a letter that does not have Zaw-aa. Examples:

Handsome	La-kho-ma	ܟܠـ؊ـܝܤـܡܳܐ
Savior	Pa-ro-qa	ܦـ؊ܳܩـ؊
Bell	Na-qo-sha	ܢـܩܝـ؊
Beads	Ri-soq-ta	ܪ؊ـܘܣܩـ؊
Passage	Shqa-qo-na	ܫܩـܝـ؊ـܢـ؊

F.   Rva-ssa: ܪܒ݂ܵܨܵܐ   (ܘ)

Is the name of the dot that, specifically, is put
under letter (ܘ) at which time it will be called

Waw Rva- ssa, and it would sound like letter

(O) of English, as in:

Do   Move   Stool   Two

ܣܘ   ܘܘ   ܗܘܣ   ܘܡ   ܟܠ   ܘܚ   ܘܐ

khoo   zoo   who   do   goo   boo   aoo

Rules:
1. Usually, letter (ܘ) takes Rva-ssa (ܘ) when it is part
   of the first Syllable of the word,
   Examples:

About	Boot	ܒܘܬ
Wake up	Roosh	ܪܘܫ
Cat	Qa-dtoo	ܩܕܘ
Glass	Shoo-sha	ܫܘ-ܫܐ
Road	Oor-kha	ܐܘܪ-ܚܐ
Change	Shookh-la-pa	ܫܘܟ-ܠ-ܦܐ

2. Usually, letter (ܘ) takes Rwa-kha (ܘ) when it is in
   the Second or third Syllables of a word, and is
   preceded by two letters that do not have Zaw-aa.
   Examples:

Psalm	Maz-moo-ra	ܡܙ-ܡܘ-ܪܐ
Scatter	Bar-boo-ze	ܒܪ-ܒܘ-ܙܐ
Cleverness	Ka-shi-roo-ta	ܟ-ܫܝ-ܪܘ-ܬܐ
Jealousy	Ba-khi -loo-ta	ܒ-ܚܝ-ܠܘ-ܬܐ

30

G.　Khva-ssa: ܣܢ݂ܝܼܬ݂ܐ　　(ܒ)

Is the name of the dot that is put, specifically, under letter (ܒ)

1. khwa-ssa makes letter (ܒ) to sound like letter (E) of English, as in; E<u>a</u>t　T<u>ea</u>　Sh<u>e</u>

ܘܒ	ܘܒ	ܗܒ	ܗܒ	ܕܒ	ܠܒ	ܬܒ	ܐܒ
Zee	We	He	Dee	G-ee	Bee	Ee	

Examples:

To me	I-l<u>ee</u>	ܝܼܠܒ
My ear	Na-t<u>ee</u>	ܢܬܒ
Hand	<u>E</u>-da	ܐܝܼܕܐ
Price	Dt<u>ee</u>-ma	ܛܒܡܐ
Advise	Na-s<u>ee</u>-hat	ܢܨܒܗܗ
Beautiful	Sha-p<u>eer</u>-ta	ܫܒܝܼܪܬܐ

At this stage of learning, the learner must be able to read any word that is written in Assyrian alphabets. At the same time must be able to write down in Assyrian Alphabets any word dictated to him/her, regardless of the word's original Language. Because the Marks have added enough odd sounds that were not covered by the Original Assyrian ABGD-HOZ Alphabets.

31

LESSON 4
Words & Syllables
ܢܚܕܳ̈ܐ ܘ ܐܳܠ̈ܟ݂ܬܳܐ

Syllable is the smallest part of a word, which
could consist of one letter or more. Learning
the break up of a word into syllables enables
one to construct a word more accurately.

Usually, a letter that has one of these four Zaw-ae,
(Zqa-pa, Pta-kha, or Zla-ma of either kind) can
become a Syllable by itself. Some times, letters
that have a Zaw-aa might combine, the adjacent
letters to it that do not have a Zaw-aa, with its
own Syllable, the two letters become one Syllable.

A.	ܐ	A<u>a</u>	ܐ
E.	ܐ	E<u>e</u>	ܐ

1. Example of some words of one syllable:
   Examples:

ܦ	ܠ	ܢ	ܐ

Come	Ta	ܬܐ
Up to	Hal	ܗܠ
From	Min	ܡܢ
Between	Bain	ܒܝܢ
Hear	Shmi	ܫܡܥ
Take	Shqol	ܫܩܘܠ
Learn	Ylop	ܝܠܘܦ

32

2. Example: of some words of two syllables:

House	Bay-ta	ܒܝܬ-ܬܐ	ܒܝܬܐ
Went	Rkhish-lih	ܪܟܝܫ-ܠܗ	ܪܟܝܫܠܗ
Sun	Sim-sha	ܫܡܫ-ܫܐ	ܫܡܫܐ
Spot	Lakh-Kha	ܠܟ-ܟܐ	ܠܟܟܐ

3. Example of some words of three syllables:

School	Mad-rash-ta	ܡܕ-ܪܫ-ܬܐ	ܡܕܪܫܬܐ
Teacher	Mal-pa-na	ܡܠ-ܦ-ܢܐ	ܡܠܦܢܐ
Federation	Aw-yoo-ta	ܐܘ-ܝܘ-ܬܐ	ܐܘܝܘܬܐ
Banana	Ba-na-na	ܒ - ܢ -ܢܐ	ܒܢܢܐ
Sh-ma-ma	Muskmelon	ܫ-ܡܡ-ܡܐ	ܫܡܡܐ

4. Example of some words of four syllables:

Assyrian	A-shoo-ra-ya	ܐ-ܫܘ-ܪ-ܝܐ	ܐܫܘܪܝܐ
Necessary	A-nin-qa-ya	ܐ-ܢܝ-ܩ-ܝܐ	ܐܢܝܩܝܐ
Lawfully	Qa-no-na-eat	ܩ-ܢܘ-ܢ-ܐܝܬ	ܩܢܘܢܐܝܬ
Governorship	Hiw-par-koo-ta	ܗܝܘ-ܦܪ-ܟܘ-ܬܐ	ܗܝܘܦܪܟܘܬܐ

5. Example of some words of Five Syllables:

Frostiness	Mag-di-la-noo-ta	ܡܓ-ܕܝ-ܠ-ܢܘ-ܬܐ	ܡܓܕܝܠܢܘܬܐ
Lavishly	Dar-digh-gha-na-eat	ܕܪ-ܕܝܓ-ܓ-ܢ-ܐܝܬ	ܕܪܕܝܓܓܢܐܝܬ
Responsibility	Mish-ta-la-noo-tha	ܡܫ-ܬ-ܠ-ܢܘ-ܬܐ	ܡܫܬܠܢܘܬܐ

Some Daily used Words

ܚܲܕܟܡܵܐ ܡܸܠܹ̈ܐ ܡܘܼܦܠܚܵܢܹ̈ܐ ܝܘܿܡܵܢܵܝܹ̈ܐ

I	ܐܵܢܵܐ	You	ܐܲܢ݇ܬ
He	ܗܘܿ	She	ܗܝܼ
We	ܐܲܚܢܲܢ	They	ܐܵܢܝܼ
Man	ܓܲܒ݂ܪܵܐ	Woman	ܓܲܒ݂ܪܬܵܐ
Husband	ܓܘܿܪܵܐ	Wife	ܒܲܟ݂ܬܵܐ
Boy	ܝܲܠܕܵܐ	Girl	ܝܲܠܕܬܵܐ
Father	ܒܵܒܵܐ	Mother	ܝܡܵܐ
Son	ܒܪܘܿܢܵܐ	Daughter	ܒܪܵܬܵܐ
Brother	ܐܲܚܘܿܢܵܐ	Sister	ܚܵܬܵܐ
Uncle Dad's S	ܡܵܡܵܐ	Uncle Mom's S	ܚܵܠܵܐ
Aunt Dad's S	ܥܲܡܬܵܐ	Aunt Mom's S	ܚܵܠܬܵܐ
Grand-Son	ܢܲܒ݂ܓܵܐ	Grand-Dau	ܢܲܒ݂ܓܬܵܐ
Grand-Po	ܣܲܒ݂ܘܼܢܵܐ	Grand-Mo	ܣܲܒ݂ܘܼܢܬܵܐ
Spouse	ܒܲܪ ܙܘܿܓܵܐ	Offspring	ܙܲܪܥܵܐ
Come	ܬܵܐ	Go	ܙܘܼܠ
Here	ܗܵܪܟܵܐ ܐܵܟܵܐ	There	ܬܲܡܵܐ
For you	ܩܵܬܘܼܟ݂	For me	ܩܵܬܝܼ
Bring	ܡܲܝܬܝܼ	Return	ܡܲܕܥܸܪ
To you	ܐܸܠܘܼܟ݂	To me	ܐܸܠܝܼ
Stand	ܟܠܝܼ	Sit	ܬܘܼܒ
Lay	ܫܬܘܿܚ	Get up	ܩܘܼܡ

Walk		Run	
Rapidly		Slowly	
Eat		Drink	
Water		Bread	

House

Fence		Yard	
Door		Room	
Window	)	Curtain	

Kitchen

Stove		Refrigerator	
Sink (Basin)		Dish washer	
Pot		Pan	
Knife		Spoon	
Can opener		Strainer	
Grinder		Blender	

Dining Room

Dining Table		Table Cloth	
Plate		Napkin	
Saltcellar		Pepper Box	
Water pitcher		Coffee pot	
Sugar		Cream	

35

Living room ܗܘܦܐ ܕܝܬܒܬܐ

| Couch | ܟܘܪܣܝܐ ܕܝܒܝܟܬܐ | Chair | ܟܘܪܣܝܐ |
| Lamp | ܢܗܪܐ ܥܕܠܐ | light | ܒܗܪܐ |

Bath room ܗܘܦܐ ܕܣܚܐ

Shower	ܡܣܚܝܬܐ ܕܡܝܐ	Toilet	ܒܝܬܣܐܝ
Mirror	ܡܚܙܝܬܐ	Basin	ܠܩܢܐ ܒܠܩܢܐ
Soap	ܝܟܦܐ (ܝܬܘܢܐ)	Towel	ܡܟܬܘܒܝܬܐ

Bed room ܗܘܦܐ ܕܕܡܟܐ

Mattress	ܡܚܡܝܐ	Bed sheet	ܦܟܟܐ
Pillow	ܗܟܬܝܐ	Blanket	ܟܒܝܢܐ
Bedstead	ܒܚܕܢܐ (ܡܕܚܗ)		

Day ܝܘܡܐ

Time	ܥܕܢܐ	Hour	ܫܥܐ
Minute	ܕܩܝܩܐ	Second	ܩܩܐ
Dawn	ܨܦܪܐ ܘܕܩܐ	Daytime	ܡܚܕܝܡܐ
Morning	ܝܟܕܐ (ܒܬܘܡܚܐ)	Noon	ܒܚܕܐ (ܟܘܡܚܐ)
Evening	ܪܡܫܐ	Midnight	ܦܠܓܐ ܕܠܝܠܐ

Week ܫܒܘܥܐ

Sunday	ܒܬܘܚܒܫܒܐ	Saturday	ܫܒܬܐ
Tuesday	ܬܠܬܒܫܒܐ	Monday	ܬܪܝܢܒܫܒܐ
Thursday	ܚܡܫܒܫܒܐ	Wednesday	ܐܪܒܥܒܫܒܐ
		Friday	ܥܪܘܒܬܐ

36

Months   ܝܲܪ̈ܚܹܐ

January	ܟܵܢܘܿܢ ܒ.	February	ܫܒܵܛ
March	ܐܵܕܵܪ	April	ܢܝܼܣܵܢ
May	ܐܝܼܵܪ	June	ܚܙܝܼܪܵܢ
July	ܬܲܡܘܿܙ	August	ܐܵܒ (ܐܵܘܓܹܣ)
September	ܐܝܼܠܘܿܠ	October	ܬܸܫܪܝܼܢ ܐ.
November	ܬܸܫܪܝܼܢ ܒ.	December	ܟܵܢܘܿܢ ܐ.

Seasons   ܨܲܒ̈ܥܹܐ

Winter	ܣܸܬܘܵܐ	Spring	ܬܲܪܒܝܼܥܵܐ
Summer	ܩܲܝܛܵܐ	Autumn	ܬܸܫܪܝܼܢ

Colors   ܓܵܘ̈ܢܹܐ

White	ܚܸܘܵܪܵܐ	Black	ܟܘܿܡܵܐ
Gray	ܕܝܼܩܘܿܢܵܐ (ܓܵܘ̈ܢܵܢܵܐ)	Blue	ܣܹܡܘܿܩܵܐ (ܙܲܪܩܵܐ)
Yellow	ܫܲܥܘܿܬܵܐ	Orange	ܓܵܘ̈ܢ ܒܘܼܪܬܩܵܢܵܐ
Purple	ܐܲܪܓܘܵܢܵܐ	Green	ܝܲܪܘܿܩܵܐ (ܝܵܪܘܿܩܵܐ)

Taste   ܛܲܥܡܵܐ

Sweet	ܚܲܠܝܵܐ	Sour	ܚܲܡܘܿܨܵܐ
Bitter	ܡܲܪܝܼܪܵܐ	Decayed	ܩܲܒܝܼܚܵܐ

LESSON - 5
SIMPLE SENTENCE

/	\
Subject	Predicate
)	

I	

38

LESSON - 6
SPEECH
PARTS OF SPEECH
/	Conjunction	\
(2) Verb	Interjection	Noun (1)
/		\
Adverb	Preposition	Pronoun
1		1
Adverb to adverb		Adjective
		1
		Adverb to Adjective

 ـ

42

43

44

(**I** (2)

\\   /

   \\   /

45

LESSON - 7
NOUNS
KINDS OF NOUNS
1. Proper Nouns: Is a Name that is used solely
    for a person, a thing, a place, or a thought.

Christianity Heat Walnut Babylon Ashour

2. Common Nouns: Is a name that is used for
    all things that have some thing in common.

Belief   Tree   River   Town   Girl

A.   Collective Nouns: Are names used for
Human being or Animals of the same kind.

Flock	Herd	Committee	Team

B.   Material Noun: Is the name of a Material
from which other substances are made.

Dirt	Iron	Rock	Wood

C.   Abstract Noun: Is the name that could be
understood by thinking or feeling.

	(		
Scary	Annoying	Beauty	Happiness

47

D. There is a special type of Abstract Noun:
that is drived from a Simple infinitive verb.

1. **Verbal Noun:** Is construed from a Verb
   to do what a verb does. to establish an
   object

Visiting   listening   Idling   working

48

E. Noun of Degree: Is a name given to a person as a respect.

Judge	King	Lawyer	Priest

F. Relative Noun: Is a name used to show the relationship, between two individuals.

Uncle	Brother	Son	Mother

49

G. Diminutive Noun: Is the name that is used to diminish the Noun to which is applied.

و. :

Birdie	Daddy	Kitty	Son-ny

The noun of Degree and the Relative noun

Priesthood		
Fatherhood		
Manhood		

50

PROPERTIES OF NOUNS

ܢܸܣܒܟܵܬܹ̈ܐ ܕܣܲܡܵܐ

NOUNS

\ ܣܲܡܵܐ /

Common	Proper
ܚܢܵܢܵܐ	ܣܸܡܵܕܵܐ
|	| |
Properties ܢܸܣܒܟܵܬܹ̈ܐ	Persons Places

/ 1 1 \ ܕܘܟܹ̈ܐ ܦܲܪܨܘܿܦܹ̈ܐ

Person Gender Number Case

ܢܸܣܕܘܿܡܹ̈ܐ ܡܸܢܝܵܢܵܐ ܓܸܢܣܵܐ ܦܲܪܨܘܿܦܹ̈ܐ

1	1	1	1
First	Masc.	Singular	Nominative
Second	Femin.	Plural	Objective
Third	Comm.	Neutral	Possessive

ܥܸܠܬܵܐ: ܚܢܵܢܵܐ ܕܒܹܗ ܠܵܗܵܢ ܓܝܼܟܵܐ ܟܲܬܒܹܐ ܕܙܸܢܝ ܟܲܒܥܹ̈ܐ ܣܟܵ ܗܲܒܣܘܿܒܹ̈ܐ

ܒܝܼܠܟܵ: ܘܒܸܪܒܸܟܹ̈ܐ ܕܘܿܗ ܚܠ ܒܸܬ ܓܝܼܟܵ ܝܹܐ ܦܸܒܬܵܐ ܬܲܘܒܸܓܹ̈ܐ ܒܸܠܓܸܣܹܗ.

In contrary to English language, in Assyrian language, the non-human Common Nouns, and Pronouns have Genders.

A. Gender (Sex):

The importance of distinguishing between the Genders to know which Pronoun would take the place of a Noun.

د. .
		)	
Spouse	Committee	offspring	Team

52

B. Number:

1. Singular Noun.

2. Singular Noun.

RULES:
To convert a Singular Noun into a Plural.

1. Usually, a Zla-ma Qish-ya and the Mark of Sya-ma are added to the letter before the last letter of the word. ()

53

ܐܢܫܐ ܘܪܕܐ ܡܠܟܐ ܛܘܪܐ ܕܐܒܐ

ܐ̄ܢ̈ܫܐ ܘܪ̈ܕܐ ܡܠ̈ܟܐ ܛܘ̈ܪܐ ܕܐܒ̈ܐ

2. When there is letter (ܪ) in a word, the mark of Sya-ma is put on letter (ܪ) regardless of its place in the word. And if there are more than one letter (ܪ) in the word, the Sya-ma is put on letter (ܪ) that is close to the end of the word.

2. ܐܢ ܐܝܬ ܐܬܘܬܐ ܕ(ܪ) ܓܘ ܡܠܬܐ؛ ܢܝܫܐ ܕܣܝܡܐ ܣܝܡܐ ܗܘܝܐ ܝܠܗ
ܦܝܫ ܡܘܬܒܐ ܥܠ ܐܬܘܬܐ ܕ(ܪ). ܘܐܢ ܡܠܬܐ ܐܝܬܠܗ ܒܓܘܗ ܝܬܝܪ ܡܢ
ܚܕ ܐܬܘܬܐ ܕ(ܪ) ܣܝܡܐ ܗܘܝܐ ܦܝܫ ܡܘܬܒܐ ܠܐܬܘܬܐ ܕ(ܪ) ܕܝܠܗ ܩܪܝܒܐ
ܠܫܘܠܡܐ ܕܡܠܬܐ.

ܡܘܬܠܐ:

ܟܪܣܐ ܪܘܚܐ ܫܪܪܐ ܡܪܡܪܬܐ

ܟܪ̈ܣܐ ܪ̈ܘܚܢܐ ܫܪ̈ܪܐ ܡܪܡܪ̈ܝܬܐ

In Assyrian Language, things that come in pairs, even though they are treated as Plural, but they are spelled different than the true plural.

Example:

Words	Hand	Eye	Leg	Ear	
Singular:	ܐܝܕܐ	ܥܝܢܐ	ܩܢܐ	ܐܕܢܐ	ܢܬܐ
Pair	ܐܝܕܐ	ܥܝܢܐ	ܩܢܐ	ܐܕܢܐ	ܢܬܐ
Plural	ܐܝܕ̈ܬܐ	ܥܝ̈ܢܬܐ	ܩܢ̈ܝܐ	ܐܕ̈ܢܬܐ	ܢܬ̈ܝܬܐ

1. Usually a singular noun word ends with letter (ܐ)
and the letter before it would have a Zqa-pa, when
changing it into Plural the Zqa-pa should be
changed into Zla-ma, and a Mark of Sya-ma
should be added to the same letter.

ܦܕܫܬܐ	ܓܠܟܐ	ܠܚܬܗ:	ܒܥܩܕܐ	ܥܢܬܐ
ܦܕܫܒܐ	ܓܠܟܐ	ܠܚܬܐ:	ܒܥܩܕܐ	ܥܢܬܐ

2. Some times the Singular Feminine Nouns ends
with letters (ܬܐ) and the letter before it does not
have a Zaw-aa, and if the letter after that has a
Pta-Kha. When changing the Noun into Plural, the
Pta-Kha should be changed in to Zqa-pa, and the
Zqa-pa of letter (ܐ) must be changed into
Zla-ma Qish-ya, and a Sya-ma must be added to
it, and it becomes (ܹܐ).

55

3. If there is (or) in front of letters () that is
   in the first Syllable. the Rwa-kha or Rwa-ssa will
   be replaced by Zqa-pa, and the Zqa-pa of letter ()
   will be replaced with a Zla-ma Qish-ya and a
   Sya-ma will be added to it, and it becomes ().

4. If there is letter () in a word and it is in front
    letters () and it is in front of () and it is in the
    first Syllable the khwa-ssa will be replaced by
    Zqa-pa () and the letter of () will take Zla-ma
    Qish-ya and Sya-ma. Will be ()

5. If there is letter () in front of letters () and they are
    in the second Syllable of the word, letter () will take
    Zqa-pa, and the letter ()will take Zla-ma
    Qish-ya and Sya-ma and becomes ()

A. Most of the times, the Plural Masculine Noun is formed by adding or deleting a letter, and/or changing a Vowel in the word.

Rules:

1. Usually, when a Masculine Noun ends by a letter that does not have a Zawaa. When changing it into a Plural form, a Zla-ma Qish-ya, and the mark of Sya-ma, are added to that letter, also letter ( ) is added to the end of the word.

58

2. Usually, when a singular Masculine Noun that
   ends by letter (ܐ), and the letter before it has
   Zqa-pa: when changing it into Plural, letter (ܶ)
   should be added before letter (ܐ) that is at the
   end of the word.

| ܠܘܕܐ | ܝܩܒܐ | ܚܕܦܕ | ܠܘܕܐ | ܠܟܕ |
| ܠܘܕܒܐ | ܝܩܒܐ | ܚܕܦܒܐ | ܠܘܕܒܐ | ܠܟܕܐ |

3. According to the Rule that was stated earlier: any
   word that has a letter with Zla-ma Pshi-dta or
   Pta-kha and is followed by a letter that has a
   Zaw-aa. That letter would sound like two letter of
   the same sound. Such Singular Nouns when
   changed into Plural, the letter with two sounds
   will be written with two similar letters.

59

4. Usually, a singular Feminine Nouns that ends by letter (ܐ) and the letter before it has Zqa-pa. When it is changed into Plural, letter (ܼ) is placed before letter (ܐ) that is at the end.

5. Usually Singular Feminine Nouns that ends with letters (ܬܵܐ) and the letter in front of it is a letter that does not have a Zaw-aa, when changing it into plural letter (ܝ) will be added in front of letters (ܬܵܐ) The Zqa-pa will be changed into Zla-ma Qish-ya and Sya-ma will be added to it, and it becomes (ܬܹ̈ܐ)

60

6. In General Singular Feminine Nouns that end
with letter () to convert it to Plural these ()
letters will be added at the end of the word.

7. Some Nouns when changing them into plural
   have Odd changes

8. Some Nouns of substances have same form for
   Singular and Plural.

9. Proper nouns do not have plural.

62

10. Exception: Some Proper Nouns of Countries
    that are alike, The region is attached to it.

3. Person: Is the property of a noun that has three
             kinds. First Person, the Second Person,
             and the Third person.

A. First Person: Is the Speaker.

B. Second Person: Is the person to whom
   it is spoken.

C. The third Person: Is the Person about
   whom the conversation is.

64

4. <u>CASE</u>: Is the relationship of a Noun or a Pronoun with a verb in the same sentence.

Nominative	.2 .
Objective	.
Possessive	

A. <u>NOMINATIVE CASE</u>: It is used as:

Nominative in apposition)
66

<u>3.</u> .

Noun complement to a copulative verb

<u>4.</u>
Nominative absolute

<u>5.</u>
Nominative of address

67

2. <u>OBJECTIVE CASE</u>: In English it is formed
by adding apostrophe and letter (s) at the
end of the word, but in Assyrian it is formed
by adding letter () in front of the word

   Transitive Verb

   Preposition

68

Objective in apposition

Factive Object .

ه. :

---

3.   POSSESSIVE CASE: In English it is formed by adding apostrophe and letter ('s) at the end of a Noun. But in Assyrian Language the letter () is added in front of the Noun, or Pronoun.

70

LESSON - 8
PRONOUNS
The Pronouns: are some words are used instead of a Noun, and the clause, in which that pronoun is used is known as its antecedent.

.   Antecedent

The Pronouns like the Nouns have Four Properties.
Person   Gender   Number   Case.

71

Pronouns are divided into Four categories:

Personal	.1
Demonstrative	.2
Interrogative	.3
Relative	.4

Personal Pronouns: They are used in place of Nouns, and they show which of the three persons they are: First Person, Second Person, or Third Person.

A. **Simple Personal Pronouns:** Have three Cases. Nominative, Objective, and Possessive.

A. Pronouns of Objective Case: Usually are attached to the words used with them.

) (To) .

B. Compound Pronouns are formed by adding a Personal Pronoun to a Common Nouns, which end with letter () that is changed into a suitable Pronoun which agrees with the Noun in Person Gender and Number.

73

1. <u>Nominative Case</u>

2. <u>Objective Case.</u>

3. <u>Possessive Case.</u>

ܗܳܐ ܕܰܗܘܳܐ ܟܘܒ ܡܫܰܚܠܦܳܢܘܬܳܐ ܗܳܐ ܐܰܠܘܦܳܐ ܕܝܘܠܦܗܘܢ ܒܡܫܰܠܡܳܢܘܬܳܐ ܕܗܘܝܬܳܐ
ܘܡܬܒܬܳܐ ܕܟܝܢܳܐ ܠܚܫܒܢܘܬܗ: ܦܝܫܳܐ ܡܢܳܐ ܡܘܣܘܝܳܐ ܒܦܪܨܘܦܗܘܢ؛
ܘܒܡܢܝܢܗܘܢ: ܘܒܓܢܣܝܗܘܢ

1. The Nominative Case: ܐ. ܢܶܦܠܘܬܳܐ ܟܘܢܳܝܬܳܐ

Person: ܦܰܪܨܘܦܳܐ	First ܩܰܕܡܳܝܳܐ	Second ܬܪܰܝܳܢܳܐ	Third ܬܠܝܬܳܝܳܐ
Singular: ܚܕܳܢܳܝܳܐ	I ܐܶܢܳܐ	Thou M / \F ܐܰܢ̄ܬ ܐܰܢ̄ܬܝ	He She / It \ ܗܘ ܗܝ
Plural: ܣܰܓܝܳܐܢܳܝܳܐ	We ܚܢܰܢ	Ye ܐܰܢ̄ܬܘܢ	They ܐܳܢܝ

Rules to be learned:

1. The spelling, and the sound of the Second and Third person's singular pronouns for Feminine, is different than their corresponding Masculine Pronouns.
2. In the Feminine Second Person's Singular Pronoun, Letter (ܝ) is added at the end of the Masculine Second Person's Singular Pronoun.
   Thou F ܐܰܢ̄ܬܝ ܐܰܢ̄ܬ M
3. In the Feminine Third Person's Singular Pronoun, Letter (ܝ) is used instead of letter (ܘ) that is used for the Masculine Third Person's Singular Pronoun. F ܗܝ ܗܘ M

<u>Notice</u>: that the rest of the pronouns have completely a different spelled and a different pronunciations.

2.   <u>The Objective Case:</u>   ܗ܆ ܙܝܢܘܓܼܐ ܣܬܦܬܢܐ:

In the Objective pronouns' cases, each Category has its own Pattern of changes made to the word (ܝܠܕ). The Rules mentioned below are to be learned thoroughly.

Person:	First	Second	Third
ܦܪܨܘܦܐ	ܢܬܩܡܢܐ	ܗܘܢܢܐ	ܗܠܟܡܢܐ
Singular:	I	M / \F	Him / It \ **Her**
ܣܦܩܢܐ	ܝܠܒ	ܝܠܟܼܕ ܝܠܟܘܝ	ܝܠܗ ܝܠܟܗ
ܗܠܝܢܢܐ	ܝܠܟ	ܝܠܟܣܐ	ܝܠܟܣ

<u>Rules:</u>
1. In the case of the First Person's Singular, to (ܝܠܕ) which means (to), letter yoot Khwa-ssa (ܒ) is added. It becomes (ܝܠܒ), and it is pronounced (E -li). For both Genders.
2. In the case of the Second Person Singular Masc. to (ܝܠܕ) letters (ܘܝ) are added, and it becomes (ܝܠܟܘܝ). It is pronounced (E-lookh).

76

In the case of the Second Person's Singular Fem. to (ܒܝܕ) letters (ܝܟ) are added, at the same time Pta-kha is added to letter (ܕ), and it becomes (ܒܝܕܟܝ). It is pronounced (E-lakh). Here, letter (ܝ) has no sound

3. In the case of the Third Person's Singular Masc. to (ܒܝܕ) letter (ܗ) is added at the end, and a Zla-ma to letter (ܕ) It becomes (ܒܝܕܗ). It is pronounced (E-le) In the case of the Third Person's Singular Fem. to (ܒܝܕ) letter (ܗ) with a dot on, and a Sqa-pa on letter (ܕ). It becomes (ܒܝܕܿܗ). (E-la).

4. In the case of the First Person's Plural, to (ܒܝܕ) a Pta-kha is added to letter (ܕ) and letter (ܢ) is added at the end. It becomes (ܒܝܕܢ). It is pronounced (E-lan). For both Genders.

5. In the case of the Second Person's Plural, to (ܒܝܕ) Letters (ܘܟܘܢ) are added at the end. It becomes (ܒܝܕܟܘܢ). It is pronounced (E-lo-khoon). For both Genders.

6. In the case of the Third Person's Plural, to (ܒܝܕ) a Pta-kha is added to letter (ܕ) and letters (ܠܗܘܢ) at the end. It becomes (ܒܝܕܠܗܘܢ). It is pronounced (El-la-h). For both Genders.

77

3. <u>Possessive Case:</u> <u>ܓ. ܦܢܝܘܬܐ ܕܩܢܝܢܐ</u>

The Possessive Personal Pronouns are formed by adding letter (ܕ) at the beginning of each word of each category.

Example: Father ܒܒܐ Father's ܕܒܒܐ

<u>Person</u>: ܦܪܨܘܦܐ	First <u>ܡܡܠܠܢܐ</u>	Second <u>ܡܕܢܚܢܐ</u>	Third <u>ܡܠܒܫܢܐ</u>
		M/ \F	M/ It \F
<u>ܚܕܢܝܐ</u>	ܕܝܝ	ܕܝܘܟ݂ ܕܝܵܟ݂	ܕܝܗ ܕܝܵܗ̇
<u>ܣܓܝܐܢܝܐ</u>	ܕܝܢ	ܕܝܘܟ݂ܘܢ	ܕܝܗܘܢ

<u>Rules:</u>

1. In the Case of the First Person's Singular to (ܕܝ) letter (ܝ) is added at the end. It becomes (ܕܝܝ). It is Pronounced Di-yi. For both Genders.

2. In the Case of the Second Person's Singular Masc. to (ܕܝ) letters (ܘܟ݂) are added at the end. It becomes (ܕܝܘܟ݂). It is pronounced Di-yookh.
In the Case of the Second Person's Singular Fem. to (ܕܝ) letters (ܟ݂) are added at the end, and a Pta-kha is added to the original letter (ܝ) of the word. It becomes (ܕܝܵܟ݂). It is pronounced Di-yakh.

3. In the Case of the Third Person Singular Masc. to
   (دِب) letter (ס) is added at the end, and a Zla-ma is
   added to letter (ب). It becomes (دِبּס). It is
   pronounced Di-yah
   In the Case of the Third Person's Singular Fem.
   to (دِب) letter (ה) with a dot is added, at the end and
   a Sqa-pa on letter (ب). It becomes (دِבֹה). And it is
   pronounced Di-ya

4. In the Case of the First Person's Plural to (دِب)
   letter (ܢ) is added at the end, and a Pta-kha is
   added to letter (ب). It becomes (دِבֵן). It is
   pronounced (Di-yan). For both Genders.

5. In the Case of the Second Person's Plural to (دِب),
   letters (ܘܟܘܢ) are added at the end. It becomes
   (دِבّܘܟܘܢ). It is pronounced (Di-Yo-khoon). For
   both Genders.

6. In the case of the Third Person Plural to (دِب)
   letters (ܗܝܢ) are added at the end, and a Pta-kha to
   the original (ب). It becomes (دِבّܝܗܝܢ). It is
   pronounced (Di-ya-h). For both Genders.

2. Compound Pronoun: is formed by adding the
    suitable pronoun to a common noun, which usually
    ends with letter (). Letter () would be changed with
    a pronoun suitable in Person, Gender, and Number.

1. <u>Nominative Case</u>: Is formed be adding letter (ܒ) in front of a compound pronoun.

ܐ. ܦܪܨܘܦܐ ܥܒܘܕܢܝܐ:

Person	First	Second	Third
ܦܪܨܘܦܐ	ܩܕܡܝܐ	ܬܪܝܢܐ	ܬܠܝܬܝܐ
	Myself	Thyself	Him It Her
		M / \F	/ self \
ܚܕܢܝܐ	ܒܓܢܝ	ܒܓܢܘܟܝ ܒܓܢܟ	ܒܓܢܗ ܒܓܢܗ
ܣܓܝܐܢܐ	ܒܓܢܢ	ܒܓܢܘܟܘܢ	ܒܓܢܗܘܢ

2. <u>Possessive Case of the Compound pronoun</u>: Is formed by adding Letter (ܕ) in front of a compound pronoun.

ܒ. ܦܪܨܘܦܐ ܩܢܝܐ:

Person:	First	Second	Third
ܦܪܨܘܦܐ	ܩܕܡܝܐ	ܬܪܝܢܐ	ܬܠܝܬܝܐ
		M / \F	M / \F
ܚܕܢܝܐ	ܕܓܢܝ	ܕܓܢܘܟܝ ܕܓܢܟ	ܕܓܢܗ ܕܓܢܗ
ܣܓܝܐܢܐ	ܕܓܢܢ	ܕܓܢܘܟܘܢ	ܕܓܢܗܘܢ

3. <u>Objective Case of the Compound Pronoun</u>: Is
    obtained be adding letter () .

Person:	First		Second		Third	
			M / \F		M / \F	

The Compound Pronouns are used in two way.

2. . <u>Reflexively</u>

. <u>Emphatically</u>

Objective in Apposition

82

83

B. DEMONSTRATIVE PRONOUNS:

Ones	This	That	These	Those	One	Such	None

84

85

C. RELATIVE PRONOUNS:

Who		That	
Which			

That		Who		1. :
Which			
That's		Which's		2. :
Whose			
To that		To which		3. :

86

D. INTERROGATIVE PRONOUNS:

How	How much	When	Where	What	Which	Who

LESSON - 9
ADJECTIVES

Adjective in a Noun in a Sentence that describes
another Noun or a Pronoun in the same sentence.

KINDS OF ADJECTIVES:

Proper	
Descriptive	
Quantitative	
Numeral	

89

A. Proper Adjective: It is an Adjective that is used only with a proper Noun.

.2 �
B. Descriptive Adjective: Its use is limited to individuals who have characters as described by the Adjective.

90

C. Quantitative Adjective:

It is an adjective used to limit a quantity
and they are divided into two categories.
Definite, and Indefinite.

Any   None   Enough   Some   Little   Much

91

D. Numeral Adjectives: limits the use of a
    Noun to persons or things as they are
    from the same number or they are in the
    same category that is shown by the
    adjective.

    And they are of two Kinds:
    Definite, and Indefinite.

A. Definite Has three categories
    1. Cardinals: It indicate how many.
        One, Two, three, and Four.

    2. Ordinals: It indicate Serial order

92

3. Multiplicative: It indicate How often.

3. ܡܟܡܘܗܟܝܬ: ܐܘܒ ܕܦܣܘܒܝ ܣܢܐ ܚܣܢܐ ܠܟܘܐ: ܕܟܒܝܕ ܣܢܐ
ܟܢܬ.

ܢܝܒ:

ܟܢܬ ܟܢܬ ܬܗܘܒ ܟܢܬ ܬܗܟܟܐ ܟܢܬ ܣܢܕܬܟܐ

B. Indefinite:

ܒ. ܟܣܢܬܐ ܠܕ ܡܟܣܦܐ: ܟܕ ܦܣܘܒ ܟܢܬ ܐܘܐܕ ܕܘܟܣܢܬܐ ܕܠܕ
ܟܒܠܘܐܟܐ ܒܕܝܢܗ ܡܣܘܒ ܣܠܗ ܘܗ ܟܣܢܬܐ.

ܢܝܒ:

ܟܠܣܘܬ ܟܬܕܚܣܐ ܘܓ ܕܟܕ ܟܬܘܚܕ

93

E. Demonstrative Adjectives: is one that is pointed out and it is of two kinds. Definite and Indefinite

Indefinite   Definite

1. Definite Demonstrative Adjectives:
   Are used to express Personalization of Items or Persons.

2. Indefinite Demonstrative Adjectives:

94

F. Distributive Adjective: is limited by showing that
the persons or the things made be known by the
names they have taken. And they are four.

Neither   Either   Each   Every

VERBS
Verb is a word that is used for an event that has been taken in one of the four tenses

.1		Past
.2		Present
.3		Future

Observing the three tenses of the verb, one would notice, the differences in the spelling of the words, but there is a Patton of similarity in forming the Tenses of the verbs.

1. For Present Tense: Letter () is added at the beginning of the verb.

2. For Future Tense: letters () are added in front of the verb.

97

98

KINDS OF VERBS
```
        /         |          \
```

Auxiliary   Intransitive   Transitive

1. <u>Transitive Verb</u>: where the action of the verb
does not stay with it, but it goes to another
person or thing.

 | |

Object   Verb   Subject

99

<u>Active Voice</u>

. <u>.</u>

1.   <u></u> .

2.   <u></u> .

3.   <u></u> .

100

2. Passive Voice: shows the relationship between
the verb with the Object.

2. Intransitive Verb: is the verb that makes the action
   to stay with the subject not with any other Noun.

3. <u>Auxiliary Verb</u>: It helps to give a verb its mood and
   Tense.

102

PROPERTIES OF THE VERB

ܕܝܠܝܘ̈ܬܐ ܕܡܠܬܐ

ܕܝܠܝܘ̈ܬܐ ܕܡܠܬܐ ܐܢܝ ܐܪܒܥ:

Mood	ܓ. ܓܘܢܐ	Person	ܐ. ܦܪܨܘܦܐ
Tense	ܕ. ܙܒܢܐ	Number	ܒ. ܡܢܝܢܐ

A. A transitive verb must be in agreement with the Subject in Person: Such as: The first, the or the third Person.

ܐ. ܦܪܨܘܦܐ: ܟܠ ܡܠܬܐ ܡܥܒܕܢܝܬܐ ܠܐܙܡ ܡܫܘܬܦܬܐ ܥܡ ܫܡܐ ܕܠܗ
ܡܥܒܕܢܐ: ܡܢ ܐܚܕ ܡܢ ܐܢܐ ܗܠܝܢ ܦܪܨܘ̈ܦܐ ܐܝܠܗ ܩܕܡܝܐ، ܬܪܝܢܐ، ܐܘ ܬܠܝܬܝܐ.

1. First Person: Is the speaker.

1. ܦܪܨܘܦܐ ܩܕܡܝܐ: ܐܝܠܗ ܗܘ ܦܪܨܘܦܐ ܕܗܡܙܡܢܐ ܠܗ.

ܦܘܚܡܐ:

ܐܢܐ ܟܬܒܠܝ ܐܓܪܐ ܐܝܟܬܐ.

ܡܠܬܐ ܕ(ܐܢܐ) ܐܝܠܗ ܣܘܟܠܐ ܐܝܟ ܫܡܐ ܕܡܥܒܕܢܐ: ܦܪܨܘܦܐ ܐܝܠܗ ܠܦܪܨܘܦܐ ܩܕܡܝܐ، ܓܢܣܐ ܕܕܟܪܐ، ܘܡܢܝܢܐ ܚܕܢܝܐ.

ܡܠܬܐ ܕ(ܟܬܒܠܝ) ܐܝܠܗ ܡܠܬܐ ܡܥܒܕܢܝܬܐ. ܘܐܝܠܗ ܡܫܘܬܦܬܐ ܥܡ ܫܡܐ ܒܦܪܨܘܦܐ، ܒܓܢܣܐ، ܘܒܡܢܝܢܐ.

2. Second Person: To whom it is spoken.

2. ܦܪܨܘܦܐ ܬܪܝܢܐ: ܐܝܠܗ ܗܘ ܦܪܨܘܦܐ ܕܥܡܠܗ ܗܡܙܡܙܡܬܐ ܐܝܠܗ

ܦܘܚܡܐ:

3. Third Person: About who the speech is.

104

B. Number: of a verb depends on the nature of the
    Subject is. Weather it is one, or And are of two
    kinds. Singular or Plural.

   1. Singular:

   2. Plural:

105

C. Mood: is another Property of the Verb that shows
the way by which the act has been done.
Each has four Moods.

1. Indicative Mood:

2. Imperative Mood:

3. Subjunctive or Conditional Mood:

106

4. Infinitive Mood:

107

B. Tense: is the property of the Verb that tells the time
of an action. The major three of them are: Past,
Present, and Future.

1. Past tense — .

2. Present tense — .

3. Future tense — .

Each Tense is of four kinds.

2. Indefinite —

. Continuous —

. Perfect —

. Perfect Continuous —

1. Present tense — :

108

Listening	Sleeping	Reading

2. :   Past tense

:			
:			

3. :   Future tense

109

1. : Indefinite

2.). Continuous

3. : Perfect

4. . Perfect continuous

110

1. ك   Indefinite

2.   Continuous

3. :   Perfect

4. .   Perfect continuous

111

To give the Pupil better view of the changes in spelling of the
(Verb) used for each Person, Gender, and Number.

Person:	First	Second	Third
Singular:	I	Thou	He It She
	M / \F	M / \F	M / \F

Plural:	We	Ye	They

Person:	First	Second	Third
Singular:	I	Thou	He It She
		M / \F	M / \F

Plural:	We	Ye	They

Person:	First	Second	Third
Singular:	I	Thou	He It She
	M / \ F	M / \F	M / \F

Plural:	We	Ye	They

112

LESSON - 11
ADVERBS
Adverb is a word that modifies a Verb, an other
Adverbs, and an Adjective. Many time Prepositions
and Conjunctions could be Modified.

1.   Adverb to a Verb:

113

2.   Adverb to an Adverb:

3.   Adverb to an Adjective:

114

4. Adverb to a Preposition:

5. Adverb to a Conjunction:

6. Adverb that does not Modify:

115

116

LESSON - 12
OBJECT
An Object could be a Noun, or a Pronoun, usually is placed after the Verb. On which the action of the Subject, has been done. There are two kinds of Object.

Object	Verb	Subject
\ \		

1. Direct Object:

118

2. Indirect Object:

 <u>.</u>

 <u></u>

 <u>.</u>

 <u>.</u>

 <u>.</u>

119

LESSON - 13

PREPOSITION

Preposition is a word in a sentence that is placed in front of a Noun or a Pronoun to show its relationship with another Noun that is before it, Usually it is in objective case.

.

:

1. .

.

.

2. .

.

Kinds of Prepositions

1. **Simple Preposition:** Consists of one word.

2. **Double Preposition:** Consists of two words.

121

---

3. **Compound Preposition:** Are formed by using
two prepositions together.

122

4. PARATICIPIAL: in general they are in present and past tenses, used with adjectives a hidden Nouns

5. Some Adverbs for Time or Place: Could be used as Adjective for Preposition to show the time or place.

123

يهجحوهُمْ دِحَزُنُه حبك (هُوِدْ) هِ(هُبْكُدْ).

د. بِسِنُدُنْ سِجْه هنَّوُهُ كِت كهِه كِت. (هنْجُد كَهُدْ)
د(كهِه) بِجِه بِدِبِحهِههِنْفُد. هُسوهِبِهْ يهجحوهُمْ
حبك هِنْحِدُنْ (زُهُ) هِ (هِهِ)هِه.

6. Some Adverbial Clauses, like Simple Adverb:
Could be used as Adjectives for the Prepositions.

6. بِنَوْحفُدْ مِمْ كَفِدْ بِكلِجِكمِنِّذ هُذ نِبِ بِكلِجِكِدْ فحبِكِدْ:

جِدْ فُحِنْدْ دِقِبِحِب هِهِقِكِبِنْدْ سُحِهِبِّذْ فِذ بِدِبِحهِههِنْفُد.
بِهِفِهُدْ:

2. زُهِبِدْ سِجْه مِبِ دِزُه كِكَفِدْ دِبِفِجُدْ.
بِبِحِدُنْ د(زُهِبِدْ) سِجِه مِكِكُمْ حِهِجِدْ دِبِيِدْ.
بِبِحِدُنْ د(مِبِ دِزُه) سِجِه بِدِبِحِهِههِنْفُد.
بِبِحِدُنْ د(كَفِدْ دِبِفِجُدْ) سِجِه مِمِكَفِدْ بِكلِجِكمِدِنْفِدْ دِبِجِه
سُحِهِفِّذْ فِذ بِدِبِحِهِهِنْفُد.

7. Some Nominal Sentences are used as
Adjectives for the Prepositions:

7. بِنَوْحفُدْ جِدِحِدُّذْ حِهِفُنُهِنْ:

فحبِدْ فِذْ هِهِقِكِبِنْدْ نِبِ سُحِهِبِّذْ فِذْ بِدِبِحهِههِنْفُد
بِهِفِهُدْ:

2. زُنُذْ هِكبِحُمْدْ سِكُفِ كِدِبِ جِمِ هُهِزْ دُهِبِ نِ كُدْ.
د. هِه زِهِبِجُدِهِ كِحِكِ بِمَّ دِهِهِ جِحِدِبِ دِحِمِحِدُنْدْ سِزُهُفِ.

124

8. ܙܝܚ ܗܙܝ ܩܡ ܟܬܒ݂ܐ ܕܬܢܝܚܣ ܐܚܩܦܬܐ ܐܚܩܦܬܐ ܕܢܕܝܚܡܘܗܗܢܬܐ ܩܒܬܐ
ܒܟܗ ܥܚܝܬܐ.

ܝܗܘܩܗ:

ܐ. ܩܦܬܐ ܕܝܟܚܦܝܐ ܣܐܣ ܗܦܐ ܝܟܗ.

ܒ. ܢܝܬ ܚܘܢܗܢܐ ܝܟܚܢܬ ܒܟܗ.

125

LESSON - 14
CONGUNCTIONS
Conjunction is a word used to join two words, two
Phrases or two Sentences. Not for any other purposes.

126

LESSON - 15
INTERJECTION
Interjection: is a word used to atract the attention only.

It has no connection with any part of speech in the
sentence.

127

LESSON - 16
PUNCTUATION
Punctuation plays a big role in delevering an effective message to the listener. Each symbol instructs the writer to express what is meant by the use of that symbol. As to when to stop, and for how long. Is what it is written a question or an interjection.

128

SENTENCE ANALYSIS
In all Languages, the words in a sentance are construed,
like a chain. Each word is placed where it fits.

	1		1	

1				
	1		1	
\		\		\
\		\		\

 |

132

:	.
:	.
؛	.
:	.
؛	
:	.
:	.
:	.
؛	.
:	.
:	
؛	)
:	
:	.
	.
؛	.
()	
:	.

<u>Notice</u>

These words some times are overlooked, and are not used properly.

	،	

.	

134

	.	

	..	.

	.	.
	.	.

		.

135

Index ܡܫܘܢܬܐ ܕܣܝܒܝܬܓܐ

Printed in the United States
By Bookmasters